JULES FREY

LES FEMMES

QUI

ONT DU CHIC

PARIS

E. DENTU, LIBRAIRE-ÉDITEUR

PALAIS-ROYAL, 15-17-19, GALERIE D'ORLÉANS

PRIX : 1 FRANC

LES FEMMES

QUI

ONT DU CHIC

PARIS. — IMPRIMERIE RICHARD & CIE
18-19, passage de l'Opéra

LES FEMMES
QUI
ONT DU CHIC

PAR

JULES FREY

> J'espère, avec le temps, que j'apprendrai le chic.
>
> DU LAURENS, *Sat.* XII.

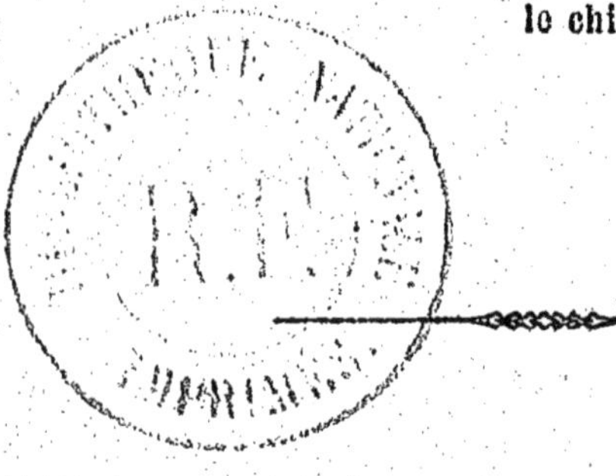

PARIS
E. DENTU, LIBRAIRE-ÉDITEUR
PALAIS-ROYAL, 15-17-19, GALERIE D'ORLÉANS

1877

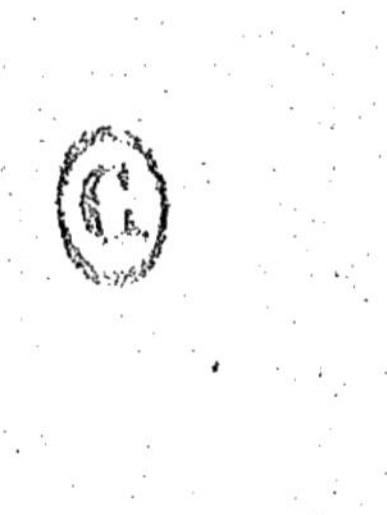

SOMMAIRE

Le chic. — N'en a pas qui veut. — Le grand chic. — Le petit chic. — La Henriade travestie. — Du Laurens. — Trévoux. — Beaumarchais. — Ovide. — Les Grecs. — Les femmes qui marchent avec les cuisses, — avec les jambes, — avec les pieds.

La grisette. — La lorette. — La cocotte. — La grue. — La provinciale de Paris. — La parisienne de Landerneau.

Le costume des femmes aujourd'hui. — M. Romieu. — Le torse nu. — Marivaux. — Le maillot futur. — Les cheveux coupés.

Lawater. — Le décolletage. — Les absents. — Regardez, mais n'y touchez pas. — L'évêque de Toronto. — Chez les Sauvages. — Dans le simple appareil. — La femme qui reçoit.

Lord Byron. — La femme à table. — Brillat-Savarin. — Cuiller et fourchette. — Verre et coupe. — Topaze et rubis. — La femme quand elle boit. — L'esprit de l'amphitryon. — La femme qui se fait attendre. — La femme qui donne à diner. — Encore un p'tit peu.

Le vin de Champagne pour la femme. — Le lézard pour l'homme.

POUR COMMENCER

Le mot chic, *— malgré les résistances de quelques esprits nerveux, délicats ou d'humeur bégueule — devra toujours être pris en bonne part, parce qu'il ne choque ni la raison ni les convenances.*

Quoique sa naissance remonte déjà à une époque séculaire, son nom est encore nouveau pour beaucoup de gens.

L'oreille a besoin de s'y faire.

Elle s'y fera comme l'œil s'est fait à toutes les extravagances de la mode ; comme il s'est fait :

Aux ballonnements des jupes à crinoline ;

A l'étranglement des robes à fourreau ;

Comme il s'est fait :

Aux cheveux ras sur le front ;

Aux chignons-catogans dans le dos.

* * *

Appliqué à une chose de n'importe quel ordre, le mot chic *implique une estampille particulière d'excentricité qui n'exclut pas la distinction ; — au contraire.*

Car le chic *ne peut pas être commun, et il commencerait à le devenir en cessant d'être jeune.*

Une barbe d'un jour compromettrait son éternel printemps.

Le chic, *c'est la mode de demain.*

*
* *

Appliqué à une personne, il accuse un cachet supérieur au caprice de la mode.

On peut suivre la mode et n'avoir pas de chic.

La femme qui a du chic *commande à la mode.*

Le chic *est à la mode ce que la crême est au lait, ce que le fruit est à l'arbre, ce que le parfum est à la fleur.*

En un mot :

Le chic, *c'est le dessus du panier.*

*
* *

POUR FINIR

Avoir du chic, *c'est posséder l'art de faire tout, mieux et autrement que tout le monde.*

LES FEMMES

QUI

ONT DU CHIC

***

Règle générale, les Parisiennes sont les seules femmes qui aient du chic.

Avoir du chic, c'est posséder ce je ne sais quoi, qui n'a de nom dans aucune langue, qu'aucun académicien ne saurait définir, mais que tout le monde comprend ;

Enfin, c'est une certaine distinction qui donne aux manières un air dont on est charmé et qu'on ne peut imiter.

***

1.

N'a pas de chic qui veut.

Un fort capitaliste, banquier, marchand de cuirs en gros, industriel, entrepreneur de roulage, pourra se faire bâtir un hôtel entre cour et jardin, dans les Champs-Élysées, — soit; avec ses millions il en viendra à bout.

Mais il n'aura pas de chic pour cela, si le chic n'est pas né avec lui.

La femme, quoique infiniment mieux douée que l'homme sous ce rapport-là, ne réussira pas non plus à se donner du chic, si elle n'en a pas le germe en elle.

***

Il y a chic et chic.

Car on dit de telle dame : elle a un grand chic; — de telle autre dame : elle a un petit chic.

Le grand chic est celui qu'une femme a par privilége d'hérédité. — c'est dans le sang.

Le petit chic est celui qu'une femme habile parvient à se donner par instinct; c'est une qualité acquise.

***

Le chic n'exclut pas la suprême distinction.

Le genre n'est pas toujours le simple comme il faut.

***

La femme, qui, dans la conversation, prononce le mot chic appliqué à n'importe quel sujet, doit s'attendre à être la risée de tous ceux qui l'ont entendu.

Pourquoi donc ce mot écorcherait-il les oreilles délicates ?

Il a droit de cité dans notre langue ; il remonte presque à l'antiquité; on le trouve dans la *Henriade travestie*, ch. V; dans les satyres de Du Lorens, sat. XII, et dans Trévoux.

Mais dans la bouche d'une femme, il paraît encore un peu excentrique ; aussi faut-il que celle qui le prononce prouve qu'elle en connaît la valeur et la signification exacte. Elle prouvera ainsi qu'elle a le chic de son emploi.

***

La nature dit à la femme : « sois belle, si tu peux, sage si tu veux, mais sois considérée, il le faut. »

Beaumarchais qui a dit cela, aurait pu ajouter : tâche d'avoir du chic.

***

Ovide qui était un poëte charmant a dit : « Apprenez à marcher comme il convient à

« une femme. Il y a dans la marche une « grâce qui n'est pas à dédaigner. »

Est et in incessu pars non temnenda decoris.

S'il avait connu notre mot, il aurait dit à la femme : « Marchez avec chic. »

Et il n'aurait fait que confirmer l'opinion des Grecs nos premiers maîtres en matière de goût, qui croyaient « qu'une marche « précipitée devait choquer les idées de la « bienséance et annoncer une sorte de « rusticité dans les manières. »

La rusticité ! voilà qui n'est pas chic.

⁂

Il y a des femmes qui marchent avec les cuisses, d'autres avec les jambes ; la parisienne marche avec les pieds ; il y en a même qui ne posent que sur la pointe du gros orteil.

C'est un chic superlatif.

⁂

Ce genre de locomotion un peu aérienne me rappelle un type charmant, type de grâce mutine, d'une allure indescriptible, complétement disparu depuis quelques années : le type grisette.

Oui, vraiment, elle était charmante avec son petit museau éveillé, son air bon enfant, son coup d'œil curieux, le sourire sur les lèvres, le cœur dans la main et la main toujours ouverte.

Sa toilette n'était pas tapageuse, mais d'une propreté... et tout était propre comme sa robe d'indienne, comme son fichu rose, comme son bonnet blanc, comme tout enfin.

On la regardait pour la voir, et on la voyait avec plaisir, parce qu'elle ne posait ni pour la prude, ni pour la courtisane; elle voltigeait plutôt qu'elle ne marchait avec ses petits souliers à cothurne qui n'avaient pas de talons Louis XV, avec sa taille mince, flexible, naturelle que ne déformait pas une sorte de giberne monstrueuse qui va dodelinant de droite et de gauche, suivant le mouvement des hanches.

Insouciante et désintéressée, elle chantait :

J'aurais bien pu rendre
Mon sort fortuné,
Si j'avais su vendre
Ce que j'ai donné.

La grisette a disparu, remplacée successiment par la lorette, par la cocotte, par la grue.

Tant pis pour nous !

La grue a un genre, le genre grue.

La grisette avait son chic.

*
* *

Parce que j'ai dit : « Règle générale, les parisiennes sont les seules femmes qui aient du chic, il ne faudrait pas conclure que des femmes nées en province n'en puissent avoir.

Une femme n'est pas fatalement parisienne parce qu'elle est venue au monde rue Quincampoix, et Landerneau aussi, peut donner le jour à quelques parisiennes... Ce n'est pas la localité qui fait la race; il y a des parisiennes de naissance qui ne seront jamais que des provinciales de goût, de tempérament, de manières, comme il y a des provinciales qui sont parisiennes par une grâce spéciale de la nature.

***

Les femmes aujourd'hui, — je parle toujours en général, pour mieux faire ressortir les exceptions, — s'étudient à donner un relief éloquent à toutes leurs formes.

Le drapé rigide du costume étroit a remplacé la jupe aux larges plis.

Si la femme peut s'asseoir avec le costume d'aujourd'hui, le costume est réputé mal fait.

Une faiseuse habile ne commettra pas la

faute de confectionner une robe qui laisse à la femme la liberté de ses mouvements.

Cette particularité me rappelle l'observation presque menaçante que M. Romieu, de plaisante mémoire, fit à son tailleur qui lui apportait un pantalon collant, genre alors fort à la mode :

« D'abord, si j'entre dedans, je n'en veux pas. »

*
* *

Je reviens à l'excentricité du costume féminin d'aujourd'hui.

Tous les détails cachés que la pensée devinait autrefois sous le voile des robes étoffées, il faut maintenant que l'œil les voie *in extenso*.

Ces dames ont mis de côté — jusqu'à nouveau caprice — l'écharpe, la mantille, le cachemire.

Plus rien sur les épaules.

Leur torse nu révèle avec complaisance

la sculpture de ses méplats, l'opulence de ses ronds de bosse.

Ce n'est pas de leur faute, à ces dames, si l'étoffe qui les emprisonne ne trahit pas plus indiscrètement le modelé de leur ventre et la forme de leurs cuisses dans toute leur plénitude.

C'est un peu cru.

Mais c'est la mode, — soit. — Mais la mode n'est plus le chic, puisque toutes les femmes peuvent la suivre.

Simple question d'argent et de couturière.

*
* *

Comme il est vrai qu'en aucune chose il n'y a rien de nouveau sous le soleil!

Ecoutez ce que signale Marivaux dans *La double surprise de l'amour :*

« Voyez ces ajustements, jupes étroites,
« jupes à lanterne (est-ce qu'elles laissaient
« voir plus de choses qu'aujourd'hui?),

« coiffures en clocher, coiffures sur le nez
« et toutes les modes les plus extravagan-
« tes. »

Quoi ! nos dames d'aujourd'hui n'ont plus le mérite de l'invention !

Encore une fois, rien de nouveau sous le soleil, même en matière de mode !

Pauvreté d'imagination.

Allons ! à la besogne, mesdames ?

***

Au train dont va l'extravagance en matière de costume, un jour viendra, — il n'est pas loin, peut-être, — où les femmes, par simplicité, se feront confectionner pour tout vêtement un maillot collant, partant de la chute des épaules et aboutissant au-dessus du genou...

Rien de plus...

— Eh bien ! si c'est la mode !

***

C'est la mode ! — Cette réponse excuse toutes les fantaisies, tous les caprices, toutes les extravagances de toilette.

C'est la mode ! — Une femme peut, sans craindre de s'enlaidir, couper carrément ses cheveux à la hauteur des sourcils, se les coller comme un emplâtre sur le front, — le front, ce siége de l'intelligence qui, pour être beau, au dire de Lavater, doit être égal en hauteur à la longueur du nez et à la partie inférieure du visage !

Qu'importe ! la femme le rapetisse, le rétrécit, le supprime même ; — c'est la mode !

La mode lui permet aussi de tordre au fer chaud ses cheveux mutilés par les ciseaux et de s'en faire, sur le sommet du front, un petit toupet crépu qui se hérisse

> Ainsi qu'une touffe de laine
> Entre les cornes d'un bélier.

C'est la mode ! toujours la mode ; mais ce

n'est pas du chic, puisque la plus vulgaire cocotte peut en faire autant,

*
* *

On dit qu'une femme est décolletée quand elle a mis à nu son cou, ses épaules et tout ce qui en dépend.

Il me semble, — sauf l'approbation du dictionnaire de l'Académie, — que l'expression décolletée est insuffisante ici.

Décolleter doit vouloir dire découvrir le cou ; du moment que le décolletage s'étend du cou jusqu'aux épaules et des épaules jusqu'au milieu de la poitrine, on doit dire, non pas décolleter, mais dépoitrailler.

Le mot n'est pas très-coquet... ; mais, s'il manque de galanterie française, il se rachète un peu par un certain chic... gaulois.

*
* *

J'ai remarqué que les femmes qui sont le plus décolletées ne sont pas celles qui ont les plus belles épaules.

Pourquoi, alors?

Celles qui s'obstinent ainsi à vouloir exhiber ce qu'elles n'ont pas, manquent tout à fait de tact.

A quoi bon, en l'absence des choses que vous savez bien, s'opiniâtrer à vouloir montrer la place qu'elles devraient occuper?

Il y a lacune.

Est-ce adroit de sembler dire à tout le monde :

« *Regardez.* »

Sans pouvoir ajouter :

« *Mais n'y touchez pas.* »

Si ces dames-là, par l'excentricité de leur deshabillé, croient faire du chic, ne les contrarions pas, mais faisons leur observer que c'est un chic absolument négatif.

* * *

Il faut tout dire cependant, pour être impartial, même quand ce que nous allons dire semblera devoir nous donner un démenti.

La mode du décolletage remonte au berceau de notre vieille monarchie, et son origine, flatteuse pour nos femmes, sourit à notre patriotisme.

« Les Francs, dit la chronique, reculaient « dans une bataille ; leurs femmes les arrê- « tent et se *découvrant le sein :* Frappez, « leur crient-elles, mais ne nous déshonorez « pas.

« Les Francs reviennent à la charge, « enfoncent les bataillons ennemis et rem- « portent la victoire. »

Depuis cette époque, les femmes ont cru pouvoir se décolleter, en mémoire de leur belle conduite.

Mais on peut tout de même sauver son pays sans se décolleter. — Voyez Jeanne d'Arc.

***

Comme contraste à ce qui précède, citons une réponse fortement épicée d'un missionnaire, l'évêque de Toronto, qui avait été invité à dîner dans une maison du grand monde. Parmi les convives se trouvait une jeune et très-jolie dame largement décolletée.

La maîtresse de la maison, un peu embarrassée, prend l'évêque à part et lui fait ses excuses d'avoir à lui présenter une dame aussi... nature.

— Oh ! madame, répondit le saint homme, j'en ai bien vu d'autres... chez les sauvages !

Pas trop mauvaise la réponse, quoique très-décolletée et même un peu sauvage ; je trouve qu'elle a une sorte de chic railleur dont la malice est tempérée par un sourire bienveillant ; — c'est peut-être le chic de l'indulgence.

*
* *

Certes, une femme qui se présente à nous dans le simple appareil de ce corsage primitif, nous offre un assez joli spectacle qui provoque tout de suite notre admiration et plus encore peut-être.

Mais, quand nous l'avons bien vue dans son ensemble, bien regardée sous toutes les faces, admirée dans tous ses détails; — enfin, quand notre œil est rassasié parce qu'il a vu tout ce qu'il pouvait voir de ce côté-là... un sentiment qui n'est plus celui de l'admiration nous envahit peu à peu. Un nuage de tristesse passe devant nos yeux et semble éteindre les éclairs de ces rayons dont nous étions éblouis... Quoi! tout le monde peut voir!... Cette facile admiration de tout le monde ne vous semble-t-elle pas une souillure à cet objet de votre admiration personnelle?

Il n'est pas un homme qui ne se dise: Que la femme de mon voisin *s'habille* comme ça, je n'y vois pas d'inconvénient...; mais la mienne..., jamais.

Quoi qu'on en pense et quoi qu'on en dise,

cette exhibition de poitrine peut avoir tous les charmes de l'éloquence de la chair, mais elle n'a aucune affinité avec le chic comme il faut.

*
* *

Bien plus adroites sont celles qui, douées généreusement par la nature de tous les plantureux avantages de la beauté splendide, en voilent pudiquement les détails, n'en laissant voir assez que pour inspirer le désir d'en admirer davantage.

Celles-là portent un corsage savamment évasé autour du cou, cette « colonne à forme cylindrique, qui est harmonieusement opposée au sphéroïde de la tête et à la surface de la poitrine, » comme dit Bernardin de Saint-Pierre.

Ce corsage, large à la naissance des épaules, descend, se rétrécissant en pointe, comme un entonnoir, jusqu'au creux de l'estomac.

Cette disposition chaste et coquette, sans blesser la délicatesse des convenances, laisse le champ libre à l'imagination, et le poète peut s'égarer par la pensée dans cette riante petite vallée, pleine de mystère et de parfums, que la nature semble s'être complu à creuser entre deux blocs de marbre rose.

Voilà le chic de l'esthétique en matière de sentiment.

*
* *

La femme qui reçoit, quand elle est de race, affiche, envers ses invités, un luxe de courtoisie au-dessus des intelligences vulgaires.

Aussi se gardera-t-elle, comme d'une faute de lèse-urbanité, d'éclipser par sa toilette la toilette des amies qu'elle reçoit.

Pour ce soir-là, elle choisira parmi ses plus belles robes la moins éclatante; parmi ses plus riches joyaux les moins éblouissants; il est vrai que cette modeste robe, par sa coupe merveilleuse et la finesse de son tissu, éclipsera peut-être la plus tapageuse toilette; et que ce seul joyau, attaché négligemment au creux de son corsage ou posé sans prétention dans une coque de cheveux, étincèlera de plus de feux que tout un écrin de seconde catégorie: oui, c'est vrai, mais les apparences seront sauvées.

Elle voudra, — l'habile femme, — qu'on dise d'elle : Comme elle reçoit bien, et comme elle est simple!

Oui, elle voudra que ses amis disent cela, quitte à les écraser demain du poids de ses diamants, mais dans une maison tierce.

*
* *

On fera peut-être remarquer que cette dame, si parfaite au point de vue des convenances, manque un peu de charité. C'est vrai. Mais ne demandez pas l'impossible. La charité est incompatible avec la coquetterie. Demandez à la femme le pardon d'une injure, soit ; mais le sacrifice de la coquetterie... jamais.

Cependant, la femme qui reçoit dans les conditions que j'ai dites plus haut, est une femme habile, une femme de grand sens, de beaucoup de tact et d'un chic tout parisien.

Une bourgeoise aisée ou une marchande retirée des affaires n'opérera pas de la même manière.

***

Au contraire, elle mettra toutes ses bagues, tous ses colliers, perles et diamants, — si elle en a, — et si elle en a, elle emploiera toutes les finesses de son éloquence pour faire remarquer que ses diamants ne sont pas en faux.

Elles mettra aussi ses dentelles, de vraies dentelles, et ses bracelets... Oh ! ses bracelets... aux deux bras... et si elle voulait, elle pourrait en mettre plusieurs à chaque bras... C'est qu'elle en a!

On pourrait appeler ça le chic de la vanité vulgaire.

***

Donner un dîner est chose facile... avec de l'argent.

L'ordonner n'est pas difficile. La maîtresse de maison la moins expérimentée en viendra à bout... avec le concours d'un maître d'hôtel.

Le point délicat est le placement des convives à table ; je dis délicat, je pourrais dire capital, parce que ce soin regarde directement la maîtresse de la maison, et que c'est sur elle que retombe la responsabilité d'un voisinage fâcheux.

C'est pourtant à ce désagrément que s'expose la maîtresse de maison si, dans le placement de ses convives, elle n'a pas su prendre ses dispositions pour ne pas mettre côte à côte deux personnages antipathiques.

*
* *

Une femme du grand monde ne commettra pas cette maladresse.

Elle saura, au contraire, donner à chaque convive un voisin à sa convenance.

Et tout le monde y gagnera.

Le dîner paraîtra meilleur. Rien ne dispose mieux à faire trouver tout bien et tout bon au plus difficile gourmet, comme de lui donner un voisin aimable, surtout si ce voisin est une voisine.

Quand l'esprit est content, l'estomac fonctionne bien ; et, quand l'estomac fonctionne bien, l'esprit, pour l'entretenir dans ces bonnes dispositions, fournit l'assaisonnement : poivre et sel.

Échange de bons procédés.

Voilà le chic d'une maîtresse de maison distinguée.

*
* *

La bourgeoise procède autrement. — Oh! oui, bien autrement.

Sa méthode pour placer ses invités est simple et affranchie de la tyrannie de l'étiquette et des règles du savoir-faire.

A part les deux personnages considérables qui doivent lui servir de voisins, l'un à droite, l'autre à gauche, elle divise ses convives en deux groupes : celui des jeunes gens et celui des gens *raisonnables*.

Elle en fait, pour ainsi dire, deux camps, qui fraternisent à distance, des deux extrémités de la table, mais sans se confondre.

Ne croyez pas que cette disposition soit le produit irréfléchi d'une imagination en gaieté, non pas, c'est le résultat d'un raisonnement profond.

« Il faut, dit-elle, que la jeunesse s'amuse ; donc, les jeunes avec les jeunes ! »

La conséquence de ce raisonnement profond est donc que si les jeunes gens, groupés ensemble, doivent s'amuser, les autres doivent s'en... nuyer à mort.

Mais, Madame, parmi ceux que vous appelez les gens *raisonnables*, il y en a beaucoup qui se croient encore d'âge à s'amuser.

Puis, qu'entendez-vous par les personnes *raisonnables?*

Sans doute celles qui ne sont plus de la première jeunesse.

Il y a donc limite d'âge pour s'amuser ?

Mais quel âge donnez-vous à ces personnes *raisonnables?*

Allez-donc le leur demander, surtout si ce sont des dames.

*
* *

Prenez garde, madame la maîtresse de maison, de couper l'appétit et la belle humeur de vos invitées en leur assignant un âge qu'elles ne veulent pas avoir.

Et puis quel inconvénient voyez-vous à mélanger la jeunesse avec l'âge mur ?

La jeunesse répandra sa gaieté parmi les personnages graves, et ceux-ci tempéreront, par la placidité de leur maintien, les écarts de la gaieté folle de la jeunesse.

Dans un jardin agencé avec goût, est-ce que l'on voit toutes les roses d'un côté, et tous les œillets de l'autre ?

Croyez-moi, madame, mélangez habilement vos convives comme le jardinier mélange ses fleurs dans son parterre ; le coup d'œil de votre table y gagnera ; il y aura variété d'humeurs et d'esprits, comme au jardin il y a variété de couleurs et de parfums.

Si vous faites autrement, vous aurez beau esquisser de jolis sourires et donner de bons dîners, on dira de vous que, malgré vos bonnes intentions, vous n'avez pas le chic pour recevoir.

***

C'est lord Byron, je crois, qui n'aimait pas voir une femme manger.

Ces hommes de génie ont des idées !

Sans doute il serait plus poétique de voir toujours la femme dans l'auréole lumineuse dont nous nous plaisons à l'entourer quand nous avons vingt ans ; mais ce platonique hommage aurait bientôt lassé notre constance et provoqué en nous le désir de la voir descendre de son nuage pour pouvoir l'aimer de plus près.

***

Ainsi rapprochée de notre pauvre humanité, la femme en éprouve tous les besoins ; et, comme nous, il faut qu'elle se mette à table à certaines heures.

***

Eh bien ! n'est-elle pas mieux — pour nous — que dans son nuage, là, sous nos yeux, devant notre admiration, avec son beau visage, son regard doux et curieux, sa bouche toujours un peu moqueuse, son sourire toujours un peu railleur, et tout son frontispice profondément sculpté.

Et c'est à cet être-là, chef-d'œuvre de la création, merveille de la terre, splendeur des cieux qu'Adam — lui qui, n'ayant rien à faire du matin au soir, pouvait la contempler à loisir dans le simple vêtement de sa beauté — c'est à cette perle d'aimant, à ce diamant d'attraction qu'Adam devait dire : Non?...

Jamais !

*
* *

Eh bien! cette femme, nous l'avons là devant nous, à table, avec ses moyens naturels de séduction et toutes les petites ruses inventées par la coquetterie pour ajouter à la puissance de sa beauté le charme de la suprême élégance et de la distinction.

Mais là aussi se dresse l'écueil.

La satisfaction du besoin matériel se

trouve en lutte avec la délicatesse des bonnes manières que n'abandonne jamais la femme comme il faut dans l'exercice des fonctions les plus vulgaires.

Tout le monde mange; mais tout le monde ne mange pas avec chic.

L'homme d'esprit, seul, sait manger, dit Brillat-Savarin.

*
* *

Les femmes ordinaires peuvent se composer un maintien de circonstance pendant quelques instants; en s'observant un peu, elles parviennent à donner le change sur leur condition.

Mais ce rôle de bonne tenue, elles le garderont difficilement pendant la longueur d'un repas, et un moment viendra — au dessert — où leur vulgarité se trahira par une forte hérésie en matière d'élégance et de décorum.

En voulant se montrer dignes et comme

il faut, elles seront raides, gauches et ennuyeuses, ou bien si elles veulent faire un peu d'esprit, elles lâcheront la bride à leurs habitudes vulgaires de gaîté au gros sel.

N'en parlons plus.

***

La femme distinguée ne tombera ni dans l'un ni dans l'autre de ces deux excès ; elle restera ce qu'elle est naturellement et telle que nous allons la voir.

***

Voyons-la, en effet.

N'est-elle pas charmante, aux prises avec ces vulgaires instruments qu'on appelle : une cuiller, une fourchette?

Voyez avec quelle charmante gaucherie elle tient délicatement sa fourchette de la main gauche! quelle gentille maladresse elle déploie pour couper sa viande avec un couteau dont sa main droite a l'air de ne savoir pas se servir.

Voyez comme de sa main gauche encore, elle porte nonchalamment aux bords de ses lèvres ! — Dirait-on pas qu'elle daigne goûter un peu pour nous excuser, nous, de manger beaucoup.

Et elle, dans ce simulacre de manducation, comment s'y prend-elle?

***

J'ai dit avec quel art — ou plutôt avec quel artifice — la femme distinguée se sert des instruments vulgaires du festin, la cuiller et la fourchette.

Je n'ai pas nommé le verre.

C'est que le verre, transformé entre ses mains n'est plus le gobelet prosaïque où s'étanche la rude soif du trop fervent disciple de Bacchus.

Il est devenu le vase enchanté où les dieux

buvaient l'immortalité, la coupe consolatrice où l'homme boit la joie du moment, l'oubli des peines de la veille, l'insouciance des labeurs du lendemain.

C'est quand elle tient son verre — toujours de la main gauche — qu'elle est surtout charmante.

Pour cela deux doigts lui suffisent : le pouce et l'index ; les trois autres sont déployés en éventail.

Quand elle le balance mollement aux cadences de son bras arrondi, au rhythme de sa voix émue, elle fait jaillir de ses facettes l'étincelle jaune de la topaze ou l'éclair du rubis ; — et souriante, elle porte à sa bouche la coupe, qu'elle semble n'effleurer que du bord de ses lèvres ; mais qu'elle vide cependant.

Puis, la chaleur de la conversation, la gaieté des propos, la fumée de quelques-uns de ces vins qui donnent de l'éloquence, provoquent la familiarité douce, expansive, — mais toujours décente, de la table.

Alors, sans qu'elle parle, sans qu'elle

fasse un geste, un signe, sa coupe semble demander à boire, comme sa bouche demande à rire.

Et elle boit, et elle rit.

*
* *

Mais voyez avec quelle grâce, avec quel bon ton ; sans dépasser d'une ligne la limite de la douce expansion du cœur, de la décente allure de l'esprit !

Voilà bien la femme de tact qui sait tout faire sans forcer la note, sans fausser la mesure.

Et cependant, les convives étaient aimables, les propos étaient gais et les vins généreux.

Mais la femme avait son chic ; — le chic de savoir se montrer aimable, sans cesser de rester comme il faut.

*
* *

Puisque nous sommes à table, encore un mot qui s'y rapporte.

Si la femme comme il faut dont nous parlons, est l'amphitryon, elle mettra tout son esprit à faire briller celui de ses convives.

Voilà un procédé qui n'est pas bourgeois.

*
* *

Quelques dames, quand elles sont invitées à un grand dîner affectent de se faire attendre.

Cette façon d'agir témoigne de la part de l'invitée un grand sans-gêne envers son amphitryon et un manque absolu de convenances envers ses co-invitées.

Mais il faut avouer que cette infraction aux lois de la plus vulgaire urbanité est autorisée par beaucoup de maîtresses de maison qui, pour faire honneur à la personne en retard, ne craignent pas de manquer de politesse envers toutes celles qui se sont empressées d'être exactes.

Enfin, c'est comme ça chez les bourgeois.

***

Mais pourquoi certaines femmes se font-elles attendre ?

Parbleu ! c'est pour faire leur entrée.

Eh bien ! elles jouent là un jeu dangereux.

D'abord, la femme qui se fait attendre est l'objectif de tous les regards, à son entrée.

Si elle est jolie, — ce qui n'est pas toujours une recommandation, en pareil cas — on fait expier à sa beauté, par des réflexions aigre-douces, le tort de son retard en contraste avec l'exactitude des autres.

On ne niera pas sa beauté parce que la preuve est là, mais on fera remarquer qu'elle n'est pas cependant à la hauteur de son sans-gêne et on trouvera encore que sa beauté est insignifiante.

On exige beaucoup d'une jolie femme.

Si elle est laide, — car, hélas, il y en a qui ne sont pas tout à fait belles, — ou si elle est seulement de celles dont on ne dit rien, on fera cette réflexion tacite, traduite par un sourire : « Ce n'était pas la peine de se mettre en retard pour faire son entrée. »

* * *

Une femme vraiment distinguée ne se met pas dans ce cas-là.

Elle ne vient ni trop tôt, ni trop tard.

C'est ce terme moyen que la femme ordinaire ne connaît pas.

La femme distinguée sait que si l'exactitude est la politesse des rois, elle est le devoir des convives ; et puis, elle n'a pas besoin de mise en scène pour produire son effet.

Quand elle entre, on devine qui elle est :

Incessu patuit dea.

C'est le chic des convenances et de la distinction.

*
* *

La bourgeoise, qui donne un grand dîner fait grassement les choses.

Un dîner de vingt-quatre couverts ne lui paraît pas superflu pour douze convives.

Plus il y en aura sur la table, plus ça sera bien mais plus aussi il faudra manger, hélas !

C'est là que la maîtresse de la maison va trahir sa roture ; car il faudra, bon gré mal gré, faire honneur à son dîner, c'est-à-dire que les hommes lâcheront de trois crans la boucle de leur gilet et que les dames devront en faire crever les douves de leur corset ; — et quand tout le monde semblera lui demander grâce, elle ne manquera pas d'ajouter d'un air calin : « *encore un p'tit peu !*

Oh ! ce *encore un p'tit peu !*

*
* *

La maîtresse de maison,— quand elle est femme distinguée, — s'y prend autrement.

D'abord son dîner est savamment ordonné abondant sans superfluité de mauvais goût.

Elle offre à ses convives une première fois : si elle croit devoir renouveler son invitation , elle le fait d'un geste discret; mais elle ne récidivera plus, elle serait importune.

D'ailleurs, c'est aux domestiques à repasser les plats ; ils sont là pour ça.

Voilà le chic de la bonne chère unie à la sobriété.

***

Simple remarque :

Il n'est pas rare, dans un diner bourgeois de voir la maîtresse de la maison faire une impolitesse, sans préméditation assurément, — à la majorité de ses convives, en voulant se montrer prévenante envers une personne privilégiée.

On en est au dessert.

On va passer les fruits.

La maîtresse, avec une maladresse de première catégorie, choisit une pêche, je suppose, et l'offre avec un signe tout particulier, à la personne qu'elle veut favoriser ; — puis elle fait circuler la corbeille.

C'est absolument comme si elle disait : le reste est assez bon pour les autres.

Voilà le chic de la maladresse.

*
* *

Il y a plusieurs pierres de touche auxquelles se reconnaît, à table, la femme distinguée.

Parmi les plus infaillibles le vin de champagne est celle dont l'épreuve est toujours le plus agréablement subie, car le champagne est l'ami de la femme, beaucoup plus encore que le lézard n'est l'ami de l'homme.

Le champagne est à la femme d'aujourd'hui ce que la pomme du paradis terrestre fut à la première femme.

Je crois même que la pomme aurait eu tort, si le vin de champagne avait arrosé les verts gazons du paradis terrestre.

Et, pour causer avec Adam, Eve aurait été encore plus éloquente ayant un verre de champagne dans la tête que sa pomme à la main.

Donc, la femme étant la fille d'Eve devait chasser de race et aimer le champagne par gourmandise filiale.

Elle l'aime donc; — c'est naturel.

Elle le boit; — c'est logique.

*
* *

Mais c'est dans cette opération que se révèle la distinction des tempéraments, la délicatesse des goûts.

Toutes les femmes ne boivent pas le champagne de la même manière.

Les unes l'avalent, les autres le dégustent.

Et c'est le vin qui, pour être bien bu, demande le plus de savoir-faire.

*
* *

Voyez la femme ordinaire. Elle tient son verre à pleine main; le lève à bras tendu; elle gesticule, elle parle haut, rit aux éclats et semble vouloir dire à tous : « Et moi aussi je bois du champagne ! »

Défaut d'habitude, quoi !

*
* *

Bien différente est la femme du monde.

Délicatement, entre le pouce et l'index, elle tient son verre par la taille; elle le monte à la hauteur de son œil, l'enveloppe d'un regard tendre, l'approche lentement de sa lèvre avide, mais respectueuse, et, la paupière mi-close, elle lève la tête et le coude... elle boit avec recueillement, comme les sylphes doivent boire la rosée dans le calice des fleurs.

***

Ah ! ça doit être bien bon, car elle y revient volontiers.

Mais avez-vous remarqué avec quelle sérénité d'esprit s'accomplit cette libation d'élite?

Pas de gestes vulgaires, pas de cris perçants; quelquefois un éclat de voix étincelant comme le bris d'un vase de cristal... puis un murmure qui va s'éteindre comme un soupir.

Voilà le chic qu'on peut appeler mousseux, Mais il n'est point à la portée de toutes les lèvres

Le soleil est un astre qui luit pour tous, mais qui n'appartient à personne ; le champagne est un nectar que toutes les bouches peuvent boire, mais que tous les palais ne savent pas goûter.

***

Il y a quelques années, celui-là aurait été bien mal inspiré qui, sous prétexte de faire un compliment à une dame, lui aurait dit :

« Madame, vous avez une tournure qui vous va bien. »

Ou bien :

« Madame, la couleur de votre natte est bien assortie à la couleur de vos cheveux. »

Il est vrai qu'à cette époque la tournure avait été baptisée de noms malsonnants, qui dépassaient les limites de la plus vulgaire plaisanterie. Les gens qui ne se piquaient pas d'être seulement convenables dans leurs propos, disaient : le *polisson* ou le *postillon* de cette dame ; les plus académistes employaient le mot : *giberne*.

***

La natte, qu'on appelait simplement et improprement faux cheveux, n'était pas plus avouée que la tournure.

La mode n'avait pas encore reconnu officiellement ces deux accessoires qui, en se modifiant, devaient devenir un jour des indispensables.

* **

A la tournure succéda, avec autorisation de la mode et garantie de brevet, une sorte de cage à poules appelée *crinoline*, sans doute parce qu'elle était en fil de fer.

Cette quincaillerie, qui donnait aux femmes les mieux faites la circonférence d'une cloche de cathédrale, régna une vingtaine d'années, à peu près, ni plus ni moins qu'une dynastie; puis détrônée par celles qui l'avaient le plus courtisée, elle alla se remiser dans l'arrière-boutique des marchands de ferraille.

De son côté, la natte fut remplacée par un chignon volumineux, composé de cheveux empruntés à toutes les têtes de la Basse-Bretagne.

Oh! dames de Paris, si précieuses, si délicates, démêlez ça!

⁂

La petite tournure et les crépons d'aujourd'hui ont remplacé avec avantage les crinolines et les chignons d'hier.

Franchement, nous aimons mieux qu'une femme ressemble à un peuplier qu'à un tonneau.

⁂

Mais, parce que la mode a reconnu les robes à fourreau de parapluie et les coiffures à la caniche, est-ce à dire qu'il suffira qu'une femme se soit introduite, — on ne sait vraiment pas comment, — dans le fourreau en question, et ait ébouriffé sa toison supérieure pour qu'elle porte le cachet du bon goût?

Non pas.

⁂

Plus une toilette est excentrique, et plus il faut qu'une femme déploie d'habileté pour la porter avec avantage et convenance.

Et plus qu'aucun autre des costumes d'autrefois, celui d'aujourd'hui est difficile à porter, parce qu'il est souvent compromis.

Oui, vraiment compromis par certaines femmes qui ne voient dans la taille du costume qu'une excuse pour montrer le développement et la coupe de leur académie.

Et elles en profitent... amplement.

***

Avez-vous jamais vu, d'aussi loin qu'il vous souvienne, des costumes aussi étroits accusant des formes aussi saillantes?

Il n'est pas jusqu'aux jeunes filles qui ne présentent des développements inusités, arrivés subitement à des proportions intempestives?

On dirait que vient d'être résolu le problème de la croissance instantanée.

Eh bien ! voici encore un cas dans lequel se révèle la femme supérieure qui sait porter avec aisance et dignité un costume à la mode, mais compromis.

*
* *

Si ce costume n'avait pour lui que d'être porté par les Marie-Madeleine, il serait depuis longtemps déjà pendu au clou des oripeaux.

Mais certaines dames qui jouissent de quelque considération, en adoucissant un peu les angles trop aigus de ce costume pour ne lui laisser que le côté pittoresque, le sauvent de la proscription.

Eh bien ! c'est cependant pour ressembler un peu à ces dames que les Marie-Madeleine s'obstinent à porter ce costume.

Elles sont souvent adroites, ces grandes pécheresses.

Mais, est-ce que certaines grandes dames ne semblent pas faire tout ce qu'elles peuvent pour ressembler un peu aux Marie-Madeleine ?

Hum !

La vraie femme de race ne le ferait pas, elle ; son rôle est de servir de modèle ; mais elle n'imite personne ; elle a trop le respect du chic de son origine.

*
* *

La valse est un des plus gracieux moyens de séduction que la femme emploie dans certaines occasions : par exemple pour réduire un rebelle ou forcer un indifférent.

Il y a plusieurs manières de le mettre en pratique.

Chaque femme a sa pose, son geste et son style, comme au théâtre.

Il en est qui, penchées sur l'épaule de leur cavalier, la tête pantelante, l'œil langoureusement pâmé, se donnent des airs de saule pleureur.

D'autres, renversées sur le bras de leur

valseur, prennent des poses de femmes noyées.

C'est pittoresque, peut-être; ça tire l'œil un moment; mais la première drôlesse venue pourra en faire autant.

Genre Mabille et Bullier.

Mais de chic, point.

*
* *

La grande dame, elle, pose délicatement sa main patricienne, — sa main gauche, — sur l'épaule de son valseur; du bout des doigts de sa main droite déployée en éventail et ramenée à la hauteur de sa ceinture, elle relève sa jupe, juste assez pour faire voir la pointe, — rien que la pointe, — d'un pied mignon qui, sans jamais quitter le parquet, pivote sur lui-même.

Et la tête haute, légèrement inclinée de trois quarts, la mine empreinte d'une fierté coquette, la paupière voilée, la lèvre plissée par un demi-sourire, cette femme, souple comme un roseau, solide comme un jonc, gracieuse comme une fée, superbe comme une déesse, fait son évolution, imprimant à sa jupe, par la rapidité de son essor, une circonférence immense.

Cette femme-là est bien la femme du monde qui ne perd rien de sa dignité dans l'ivresse de la valse, rien de sa majesté dans son abandon au plaisir; et, comme relief ou contraste à ces qualités sévères, elle a dans son coup d'œil, dans son maintien, dans sa démarche, dans l'expression de sa physionomie, ce je ne sais quoi de gracieux, d'indéfinissable qui est le chic, le grand chic !

*
* *

Le gant n'est pas un objet de coquetterie dans la toilette d'une femme.

C'est un article de première nécessité.

Une femme pourra n'avoir pas de bagues aux doigts, pas d'anneaux aux oreilles, pas de bracelets aux bras et même pas de collier au cou.

Sauf dans les grandes occasions, ces accessoires ne sont pas indispensables.

Mais jamais une femme ne sortira sans gants.

Cependant ce n'est pas le gant qui fait la femme. Non, mais il joue un grand rôle dans les détails les plus coquets de sa toilette.

Le choix en est difficile ; il faut que le gant s'harmonise avec tout l'ensemble, qu'il habille bien la main, qu'il dessine correctement les contours des doigts et les emprisonne délicatement sans en contrarier les mouvements.

Dans ces conditions-là le gant est parfait.

Faut-il conclure que plusieurs dames du même monde, toutes gantées aussi scrupuleusement, pourront avoir toutes le même grand air comme il faut ? — Oui.

Et qu'aucune d'elles ne pourra se mettre

en relief par un certain chic particulier? — Non.

*
* *

Méditez ceci :

Quand une bourgeoise, — qui a aussi le fanatisme du gant irréprochable, — aperçoit une déchirure à son gant, vite elle prend une aiguille et, avec autant d'adresse que possible, elle répare l'accident.

Eh bien ! j'ai connu une grande dame qui avait fait de la déchirure de son gant une des grandes utilités de la mise en scène de sa toilette.

C'est-à-dire qu'elle inventa la déchirure du gant.

Et pourquoi ?

C'est que par la fente de cette déchirure, — surtout si le gant était de couleur un peu foncée, — elle révélait la blancheur immaculée de sa main ou la facette étincelante d'un rubis ou d'un simple diamant.

C'est le chic du gant déchiré.

*
* *

Le gant déchiré nous invite naturellement à consacrer quelques lignes à la main qui le porte.

La beauté de la main est un signe de distinction native et de nature privilégiée.

Une femme commune peut avoir de beaux yeux, un beau nez, une belle bouche, un beau visage enfin; il est rare qu'elle ait une belle main.

La main, dans sa condition de beauté, n'a pas besoin d'ornement. Si une bague pouvait l'embellir, certaines femmes en mettraient deux plutôt qu'une à chacun de ses doigts.

Quelle belle occasion ce serait pour la femme distinguée de n'en pas mettre du tout.

C'est bien un peu ce qu'elle fait. Qu'a-t-elle besoin de joyaux pour faire ressortir les lignes délicates, les contours harmonieux de sa main, la flexibilité de ses doigts un peu charnus à leur naissance, effilés à leurs extrémités et terminés par des ongles rosés et transparents?

*
* *

Si de temps en temps elle passe à son doigt un anneau chargé d'une émeraude ou d'un saphir, d'un rubis ou d'un diamant, ce n'est pas pour embellir sa main patricienne ; c'est tout simplement pour faire prendre l'air à son écrin.

La coquetterie s'en mêle peut-être un peu.

Mais, sans coquetterie, où donc serait la femme?

*
* *

Le genre de la femme ordinaire est de sortir d'une seule fois toute son orfèvrerie; le chic de la femme de race est d'essayer de temps en temps l'éclair de ses bijoux aux rayons du soleil :

Simple objet de comparaison :

C'est le chic à trente-six carats.

*
* *

Il y a des femmes qui ne mettent qu'un gant. — Est-ce que l'autre est sale ou trop décousu ?

Soyez-bien persuadé que ces femmes-là ne sont pas des Parisiennes.

***

L'éventail prime le gant. Il est plus aristocrate. D'abord, il a pour lui le privilége de l'ancienneté, principe de la noblesse.

Le premier éventail du monde a été une feuille de palmier aux mains de la première femme, dans le paradis terrestre.

La civilisation, en modifiant sa forme et son essence, l'a enrichi de toutes sortes de détails en peintures délicates, en inscrustations d'or ou d'argent.

L'élégance, unie à la richesse, ajoute à la forme, surtout quand c'est le chic parisien qui l'a donnée.

***

L'éventail a encore sur le gant un autre avantage :

Moins indispensable comme objet de toilette, il est plus essentiel comme cachet.

Témoin discret de bien des soupirs, que de confidences échangées à mi-voix derrière son tissu de soie n'a-t-il pas entendues? que de petits baisers n'a-t-il pas envoyés du bout de ses baguettes?

*
* *

Il y a cent trois manières de jouer de l'éventail, toutes plus ou moins connues et pratiquées.

La femme de grand chic en a inventé une de plus, que personne ne connaît; — cette manière est à elle.

Si cette manière pouvait être imitée, vite elle la répudierait pour en créer une autre.

Mais quelle est cette manière?

Impossible de la traduire en paroles ou en action; sans cela elle serait à la portée de toutes les mains, alors elle cesserait d'avoir du chic.

Et cette manière-là est encore une des pierres de touche de l'élégance et de la distinction.

Le chic de l'éventail est un des plus gracieux, parmi les chics du grand monde, que puisse imaginer la coquetterie d'une femme.

*
* *

Il n'est pas rare de rencontrer des femmes qui balayent le bitume des boulevards et le macadam des rues avec des traînes de cinquante centimètres.

Cette manière de ramasser les salives, les crachats, les éternuments, les trop-pleins de toutes sortes de choses et autres immondices, n'est pas un chic.

C'est un genre... un genre malpropre.

Les femmes qui l'adoptent ont beau faire parade de leurs triples jupons brodés, comme pour prouver aux populations qu'elles ont de quoi se changer, elles ne réussiront pas à persuader à qui que ce soit, — femmes ou hommes de distinction, — qu'il est agréable de sentir ses jambes fouettées par la boue ou envahies par la poussière.

Dans ce va-et-vient de jupons, où s'attache cette boue, jusqu'où monte cette poussière?

Eh bien! non, ça ne doit pas être propre là-dessous.

Si j'étais femme, je ne voudrais pas entendre dire ça derrière moi.

* * *

La femme de race, celle chez qui la propreté, — ce respect de soi-même, — est une seconde nature, quand elle met pied à terre, se donne la peine de relever sa traîne, pour la préserver des souillures du trottoir; et elle le fait avec l'élégance qui lui est propre et cette dignité inséparable des femmes d'élite dans les plus vulgaires détails.

Voilà ce qu'une grande dame d'occasion ne comprendra jamais.

*
* *

La femme à équipage, — quand elle est du grand monde, est aussi naturellement assise sur les coussins de sa voiture que dans la chaise longue de son boudoir.

On voit qu'elle est chez elle, dans son élément naturel de comfort et de suprême élégance; pour le prouver, elle n'a pas besoin d'afficher un étalage de jupes, une désinvolture de manières qui trahirait la femme vulgaire.

La première est vraiment une grande dame, et elle a le chic d'une femme comme il faut.

L'autre, qui veut la singer, ne réussira

jamais qu'à se donner le genre d'une femme comme il en faut.

*
* *

Je ne parle ici que pour mémoire de la femme de comptoir, — laborieuse toute la semaine, — qui, le dimanche, un jour de courses ou de revue, se donne le luxe d'un cabriolet à l'heure; — elle s'étale, elle s'allonge sur la dure banquette de son modeste véhicule, prend un air dégagé et se donne une peine infinie, l'honnête femme, pour ressembler à ce qu'elle n'est pas, — et voyez cette autre, du même monde, qui se tient raide comme un pieu, grave comme une vraie archiduchesse, et semble dire à la foule : Eh bien! oui, c'est moi.

Ce sont là deux types ridicules, qui n'auront jamais, quoi qu'ils fassent, ni le genre éveillé de la cocotte, ni le chic comme il faut de la grande dame.

*
* *

Parmi les femmes à équipage, il y en a qui conduisent elles-mêmes.

C'est un genre.

Mais ce genre, — s'il vise un peu à la pose, n'est pas vulgaire; disons même qu'on ne le trouve que dans le monde distingué.

Seulement, comme il est moins dans la mission de la femme de conduire des chevaux que de dompter les hommes, on remarque plus que toutes les autres celles qui remplissent les fonctions de cocher.

Aussi sont-elles, plus que les autres, exposées à la critique jalouse de celles qui ne demanderaient pas mieux que d'en faire autant, si elles osaient.

Nous ferons seulement remarquer que, par ménagement pour la délicatesse de ses mains princières, une grande dame de première classe ne se livrera pas à cet exercice viril.

*
* *

Cependant, étant donné que quelques élégantes se passent la fantaisie de tenir les guides, disons les remarques que tout le monde a déjà pu faire à ce sujet.

Quelques-unes de ces dames, une fois sur le siége, se métamorphosent complétement; de gracieuses qu'elles sont naturellement, elles deviennent gauches quand elles veulent passer dans la peau du cocher.

Eh bien! il y a pourtant de ces dames qui copient la pose empesée de ces cochers de grandes maisons, qu'on prendait pour des cochers en fer-blanc.

Pensent-elles qu'il faut qu'elles se montrent raides pour ressembler à un homme?

Encore un genre et pas de chic du tout.

*
* *

La vraie grande dame qui conduit n'abdique rien de sa dignité habituelle. Assise naturellement sur le coussin de siége de sa voiture comme dans le fauteuil de son salon, elle manie les guides avec la même délicatesse de manières qu'elle ferait jouer son éventail.

Elle ne pose pas pour être vue; elle conduit parce que c'est un plaisir pour elle; enfin, elle reste femme, c'est-à-dire élégante et gracieuse, et ne se soucie nullement d'entrer en comparaison avec un cocher.

Celle-là a vraiment un grand air et un chic distingué.

***

La bourgeoise ne monte point à cheval.

Elle n'a point de goût pour les jeux du sport.

Si, cédant aux sollicitations d'un caprice passager, elle confiait, par hasard, sa grave personne au fier et fougueux animal de Buffon, elle ne tarderait pas à reconnaître que tout son ensemble, violemment secoué par une allure qui ne lui est pas familière, réclame un moyen de locomotion moins turbulent; et son inexpérience, d'accord avec les lois de la prudence, lui conseillerait de descendre et de fouler modestement le plancher des génisses; et c'est ce qu'elle ferait sans scrupule pour sa vanité.

Eh bien! c'est peut-être le chic de la modestie.

*
* *

L'équitation est un noble exercice, qui ne peut charmer que les natures d'élite, les femmes de vocation.

(Il n'est pas question ici des femmes de manége, qui montent à cheval par métier; — le métier n'est pas le sujet qui nous occupe.)

La femme de race monte à cheval suivant les règles du traité d'équitation.

Il n'y a pas de fantaisie à faire dans la manière de se tenir en selle; une amazone ne montera pas, au gré de son caprice, à gauche ou à droite, ni même à califourchon.

Partant, — de la distinction, soit, — mais pas de chic à déployer dans l'équitation proprement dite.

La femme ne peut se faire remarquer que par la hardiesse gracieuse de son maintien en bonne harmonie avec l'allure du cheval, et aussi par l'élégance sévère de son costume d'amazone.

Le costume est peut-être le seul point qui révèle le chic de la femme qui le porte.

***

La femme du monde monte à cheval pour faire de l'équitation, et non pour produire une toilette.

L'amazone, — qui n'est pas du monde, — fait de l'équitation pour monter à cheval; — on la voit de plus loin que si elle était à pied.

C'est son accoutrement qui doit la faire remarquer.

Qu'on la remarque donc!

*
* *

Mais la femme distinguée! comme elle est belle à cheval!

En la voyant passer, je comprends que l'on demande l'abolition de la loi salique.

Saluez, c'est une reine!

Fièrement campée sur sa selle, comme sur son trône, sa main gauche ramenée à la hauteur du creux de son estomac, pour maintenir les guides, sa main droite pendante pour tenir son cheval sous l'action de la cravache, elle s'avance, laissant prendre à son buste ce petit mouvement d'oscillation que lui imprime sa monture et qui rappelle le tangage d'une frégate à la voile.

Suivant que, dans sa promenade, elle rencontre des amis, elle salue discrètement d'un geste de la main droite, d'un sourire des lèvres ou d'un signe des yeux.

Mais geste, signe ou sourire, tout cela est joli, coquet, gracieux.

Ah ! c'est encore du chic que de savoir être aimable du haut d'un cheval.

***

La main gauche a reçu une dénomination péjorative, par rapport à la main droite, preuve de son infériorité.

Dans le langage de l'Ecriture, quand on fait l'aumône, la main *gauche* doit ignorer le bien que fait la main droite ; — stigmate de l'humilité dont elle est frappée.

D'une personne disgracieuse dans ses manières, dans son maintien, dans sa démarche, on dit qu'elle est *gauche*.

— « Pour une fille qui vient de Paris,
« voilà des révérences bien *gauches*, dit
« Destouches, dans la *Fausse Agnès.* »

— « Accusera-t-on les femmes de Paris

« d'avoir l'air *gauche* et embarrassé, dit « J.-J. Rousseau, dans son *Emile?* »

— « La main *gauche* du Seigneur est « sous ma tête ; il m'embrassera de la main « droite, dit le Cantique des Cantiques. »

*
* *

Le mariage de la main *gauche* est celui dans lequel le marié noble, riche et puissant, épouse une fille d'une condition inférieure à la sienne, sans communiquer son rang et sa condition ni à elle, ni aux enfants issus de ce mariage.

Toujours sujette de la force, toujours victime d'une préférence déraisonnable, toujours reléguée dans un rôle équivoque, secondaire et souvent ridicule, cette pauvre *gauche* !

Et cependant la main *gauche* est la main du côté du cœur.

*
* *

Aussi avait-elle un titre incontestable à une réhabilitation méritée.

Mais de qui pouvait-elle venir, cette réhabilitation ? Une femme seule en était capable, et cette femme ne pouvait être qu'une Parisienne.

Mais ses moyens d'action, où les trouvera-t-elle ?

Parbleu ! dans son esprit fécond, dans son cœur affectueux, dans sa grâce charmante, dans ses manières distinguées, dans son élégance en tout.

***

Voyez, c'est à sa main gauche que la femme, — la Parisienne, — confie son bouquet ; c'est de la main gauche qu'elle salue ; c'est la main gauche, — la main du côté du cœur, — qu'elle tend à ses amis.

C'est que le geste de la main gauche est plus doux, plus délicat, plus caressant.

C'est de la main gauche qu'elle tire un

cordon de sonnette ; c'est de la main gauche qu'elle prend son verre ; c'est de la main gauche qu'elle porte une santé.

Faites-y bien attention, vous ne remarquerez pas ces petites délicatesses chez une bourgeoise.

C'est le chic de la main gauche, un chic tout parisien.

*
* *

J'ai entendu dire que :

« Le soleil est 1,400,000 fois plus gros que la terre ;

« Qu'il est séparé de la terre par 15 millions de kilomètres ;

« Et qu'il pèse 35,000 fois autant que la terre... »

Faut-il être fort pour avoir pu calculer ça !

Eh bien ! je ne voudrais pas être le savant qui a pu mesurer le volume du soleil et sa distance de la terre ; encore moins celui qui l'a pesé. — Dans quelles balances, grand Dieu!

Je serais épouvanté de ma science.

D'ailleurs, à quoi me servirait-elle?

. . . .

Mais si, vraiment, elle me servirait; je dis même, toute réflexion faite, que je n'aurais pas trop de la science des mathématiques ascendantes et de la géométrie transcendante pour établir le calcul dont l'idée me vient à l'instant.

Ce travail serait :

La statistique approximative des coquetteries, tricheries, supercheries, inventées par les femmes pour augmenter leur beauté;

Des manéges, subtilités, finesses pour éclipser leurs bonnes amies;

Des ruses, des tromperies et fourberies pour supplanter leurs rivales, etc.

Et, pour clore :

Le tableau synoptique de tous leurs moyens de séduction.

C'est là qu'il y aurait du travail!

Ah! oui, pour faire ce travail, il faudrait

être aussi savant que celui qui a découvert combien pèse le soleil... et sans doute la lune aussi.

Mais voyez donc quelle puissance a la femme ; — voilà qu'en la prenant pour sujet de conversation, elle nous emmène au ciel. Chic olympien ou je ne m'y connais pas.

*
* *

Il y a des femmes qui, devenues bourgeoises, — après fortune faite, — cherchent à copier les soins minutieux que prennent les grandes dames pour rehausser, par les artifices d'une coquetterie intelligente, les priviléges de leur beauté corporelle.

C'est une ambition bien excusable, sans doute, mais qui a le défaut de presque toutes les imitations, c'est-à-dire de dépasser le but qu'elles veulent atteindre.

Par exemple, les femmes du monde tiennent leurs ongles un peu longs ; une bourgeoise les laissera croître outre mesure.

Pourquoi cette prodigalité de corne?

« Est-ce par l'ongle long qu'il porte au petit doigt
« Qu'il s'est acquis chez vous l'estime où l'on le voit?»
(Molière, *Mis.*)

La bourgeoise le croit sans doute et elle compte se donner d'autant plus d'importance qu'elle portera des ongles plus longs.

« Il y a plusieurs endroits de la terre, dit « Montesquieu dans l'*Esprit des Lois*, XIX, « où l'on se laisse croître les ongles pour « marquer que l'on ne travaille *point*. »

La bourgeoise les laisse pousser pour marquer qu'elle ne travaille *plus*.

Qu'est-ce que cela prouve?

Cette brave dame a le mérite d'avoir fait fortune par son travail, et le tort d'en rougir; — mais ce qu'elle a par dessus tout, c'est de la sottise jusqu'au bout des doigts.

D'ailleurs la beauté des ongles ne consiste pas dans leur longueur, qui ne doit pas dépasser le niveau de la chair qui termine les doigts, mais dans leur couleur rosée, dans leur forme légèrement bombée.

Aussi, malgré toutes les peines qu'elle

prendra pour procurer à ses ongles des dimensions de griffes, elle ne leur donnera jamais cette demi-transparence qui permet d'apercevoir la couleur du tissu qu'ils recouvrent, ni cette teinte rosée indispensable à leur beauté, et qui sont, il faut l'avouer, le privilége exclusif des natures d'élite.

***

La Parisienne, infaillible sur le point délicat de la distinction, ne tient pas ses ongles très-longs; elle ne les taille ni en rond, ni en pointe; elle leur donne une forme médiane entre le cintre et l'ogival.

Ce milieu-là, c'est l'affaire d'un coup de ciseaux; la Parisienne seule sait le donner; c'est ce qui a fait dire qu'elle a du chic jusqu'au bout des ongles.

***

L'habit ne fait pas le moine.

Voilà un proverbe qui peut être à la fois une erreur et une vérité.

Exemple : Etant aux bains froids, vous voyez sortir de l'eau deux individus, dans le costume que vous savez, et quelqu'un vous dit :

— « Vous voyez ces deux hommes, eh bien ! l'un est un général et l'autre est un charcutier ! »

A quoi reconnaîtrez-vous le fils de Mars? A quoi le client de saint Antoine ?

— A rien, puisqu'ils ne sont pas habillés.

Dans ce cas, c'est l'habit qui ferait le moine.

Mais prenez ce même charcutier ; mettez-lui sur le dos un habit galonné, et placez-le à cheval à la tête d'un régiment qui passe, on dira : « Voilà le général » parce qu'il en porte l'uniforme.

Dans ce cas, le proverbe aurait raison : l'habit ne fait pas le moine.

*
* *

Eh bien ! cette alternative d'erreur ou de vérité, toujours fréquente en rapport avec l'homme, n'est jamais possible avec la femme.

Un œil exercé ne s'y trompera pas.

La femme de qualité, — sous une jupe d'indienne, ne perdra rien de la noblesse de son origine ; — la femme vulgaire ne dissimulera pas sa roture sous une robe de soie.

*
* *

Mieux douée que l'homme, la femme se révélera toujours plus exactement par sa physionomie qui est le miroir de son âme que par sa toilette qui est un décor dont l'harmonie avec l'ensemble de la statue peut varier suivant le hasard des circonstances et les vicissitudes de la fortune.

La vraiment grande dame, sous toutes les latitudes, et dans toutes les conditions, restera ce qu'elle est née, la robe n'y fera rien.

C'est le chic de la naissance.

*
* *

Cependant, disons-le pour rendre hommage à la vérité, même dans les choses qui pourraient nous être oposées comme contradictoires à nos assertions, des filles de condition très-ordinaire, mais exceptionnellement distinguées de physique et de manières se rencontrent encore quelquefois qui savent porter la grande toilette.

*
* *

Celles qui la portent mal sont les femmes vulgaires, — devenues bourgeoises, — qui croient corriger par le faste des toilettes extravagantes leur tache originelle.

Le bon goût leur faisant défaut, elles réussiront à se donner un genre, mais du chic ?... jamais.

*
* *

Il y a des femmes qui fument à Paris.

Que voulez-vous dire à cela ?

L'homme n'est pas parfait, — et ne voulant pas nous humilier, la femme affecte de ne l'être pas non plus.

Mais pour excuser, — autant que possible — la présence d'une feuille de tabac sur les lèvres d'une femme ou l'odeur de la nicotine mêlée à son haleine, hâtons-nous de dire qu'en beaucoup de pays on voit des femmes qui fument.

A la Havane, par exemple, presque toutes les femmes fument, — mais c'est pour faire une réclame en faveur du tabac.

Dans le nord de la France, il y a des personnes du sexe faible qui fument comme des Turcs ; mais c'est pour combattre le froid ou l'humidité.

Les dames de Constantinople fument aussi pour tuer le temps.

Voilà des raisons, au moins !

Mais, à Paris, quel intérêt les femmes peuvent-elles avoir à fumer?

Elles n'ont pas de réclame à faire pour le tabac qui n'est pas un parfum.

Le froid est à peu près inconnu à leur sang vermeil et chaud, elles n'ont donc pas à le combattre.

Quant au temps, elles ont de si gentilles manières de l'employer qu'elles n'éprouvent pas le besoin de le tuer.

Mais, encore une fois, quel intérêt les femmes de Paris peuvent-elles avoir à fumer ?

Un intérêt bien grand, allez.

*
* *

Quand la Parisienne — qui fume — se dispose à griller une cigarette, elle s'enroule dans un peignoir, se laisse glisser sur une chaise longue, et s'étend ; la tête renversée sur le dossier de son fauteuil, elle regarde le ciel de son boudoir, et l'une de ses jambes, ramenée sur sa jumelle, fait danser sa pantoufle à la pointe de son orteil.

C'est dans cette position qu'elle fume, et avec quel gracieux nonchaloir !

De l'extrémité de l'index et du pouce elle tient sa cigarette.

De temps en temps, elle l'approche de ses lèvres.

Elle aspire... puis rétrécissant sa petite bouche et gonflant ses joues, elle pousse un long soupir et lance, par petites saccades, un léger nuage de fumée qui monte en spirale et qu'elle suit d'un œil distrait.

Eh bien ! voilà pourquoi la Parisienne fume : pour voir monter au plafond un peu de fumée.

Où est le mal ?

N'est-elle pas chez elle, dans son boudoir, là où nul ne peut pénétrer sans passe-port dûment légalisé ?

Je sais bien que parmi certaines dames il en est qui poussent le luxe de l'indépendance jusqu'à fumer en public ; — oui, j'en ai vu.

Ce sont là de ces hérésies grossières en matière de convenances, comme seules savent en afficher les femmes qui visent à un genre que nous ne voulons pas qualifier.

Pour une femme, encore jalouse de son décorum, griller une cigarette dans l'intérieur de son appartement, ce n'est ni un genre ni un chic, c'est une fantaisie.

Petit péché caché ! — Passons.

Il y a bien des hommes qui chiquent.

*
* *

Cicéron, en parlant de la divinité émet cette opinion :

« Il est plus aisé de dire ce qui n'est pas « Elle, que de dire avec précision ce qu'Elle « est. »

On peut en dire autant de la beauté.

Quant à sa définition exacte, elle nous paraît impossible, car la beauté peut varier selon les préjugés des peuples et la diversité des goûts.

Disons seulement qu'à un point de vue général elle est l'ensemble harmonieux des perfections de détail dont se compose le corps humain.

*
* *

Cet ensemble exerce sur nous un empire absolu, tyrannique et bien doux sans doute, puisque loin de vouloir nous y soustraire, nous subissons notre esclavage sans jamais solliciter de commutation de peine.

L'aspiration vers la beauté est un besoin naturel à l'homme, né avec lui, et que les siècles n'ont pas modifié ; il est aujourd'hui ce qu'il était aux beaux jours du paradis terrestre quand le père des hommes vit la femme pour la première fois.

*
* *

Le sentiment que fit naître en lui cette soudaine apparition, merveille de jeunesse, de grâce, de beauté, éblouissante au milieu des splendeurs de la nature, ce sentiment, il nous l'a transmis par héritage, et nous, fils pieux, nous l'avons accepté, sans même nous réserver le bénéfice de l'inventaire.

*
* *

Ce sentiment du beau, — dans la femme surtout, — a inspiré tous les poètes ; cela devait être, parce que cela est naturel ; l'amour est la poésie de la femme, et la femme est l'étincelle de l'amour ; — mais il a fait plus : il a jeté le trouble dans l'esprit des plus graves personnages ; il a envahi leur âme et leur a fait dire à ce sujet des choses à troubler la raison des savants, des moralistes, des financiers et des apôtres de l'instruction obligatoire.

Ainsi Xénophon, disciple de Socrate, philosophe, historien, général, auteur de plusieurs ouvrages très-estimés de morale et d'économie, enfin un homme sérieux comme nous disons aujourd'hui, Xénophon a émis cette assertion :

« Que la possession de la beauté devait « être mise au-dessus de celle de la science, « de la vertu, de la fortune, de tous les « avantages enfin dont l'homme peut être « favorisé. »

Il était galant Xénophon, quoique général et philosophe !

*
* *

Cette exagération de la préséance de la beauté, caressée par les poètes, ne sera pas approuvée sans doute par les esprits positifs ; mais ces mêmes esprits, malgré la gravité de leur caractère, confesseront au moins que la beauté est un des plus riches présents que la nature ait faits à l'homme.

*
* *

Si notre fanatisme pour le culte de la

beauté nous a fait accepter le joug de la femme, la femme a compris qu'elle ne pouvait en perpétuer la durée qu'au prix de la conservation de sa beauté.

Elle chercha donc, et trouva sans peine, dans l'arsenal des moyens de séductions de son cœur et de son esprit, les procédés capables de conserver la beauté de sa jeunesse, de prolonger celle de son âge mûr et de se préparer pour plus tard une beauté relative.

Elle inventa les cosmétiques.

Aurons-nous le courage, — ou plutôt l'injustice de la blâmer?

Non, — puisque c'est en vue de nous plaire qu'elle a recours à d'innocents artifices pour être toujours belle à nos yeux.

***

C'est dans l'emploi des moyens pour conserver sa beauté et même pour y ajouter quelques surcroîts de séduction que la femme déploie tout son génie.

Mais là aussi est l'écueil. — Là aussi se révèle la femme de race.

Pour conserver la beauté qu'elles ont, si elle est parfaite ; pour y ajouter, si elle laisse quelque chose à désirer, enfin pour s'en composer une artificielle, si la nature s'est montrée marâtre envers elles, les femmes ont recours à tous les moyens inventés par la cosmétique.

*
* *

Toutes les femmes, — si jolies soient-elles, — emploient quelques-uns de ces moyens.

Les unes croient grandir l'amande de leurs yeux en traçant sous leurs paupières inférieures un cerne brun.

Les autres teignent leurs lèvres d'un carmin plus vif que le corail rouge.

D'autres encore estompent leur visage d'une couche de poudre d'amidon.

Ces mensonges ne trompent personne et font douter de la beauté réelle des femmes qui en font usage.

Le charbon pilé qui salit ses paupières accuse la femme de trouver ses yeux trop petits ; le carmin qui brûle, en le recouvrant, le tissu délicat de ses lèvres, fait croire que ses lèvres sont naturellement laides, et ses joues dont le joli duvet rappelle le velouté de la fleur de pêche ne peuvent que se faner au contact de l'amidon qu'il faut laisser aux blanchisseuses.

***

Cependant pour faire une petite concession à l'impérieuse coquetterie, disons qu'il n'est pas défendu à une femme de vouloir ajouter quelque charme à la beauté de son visage.

Tous les autres organes se ressemblent

plus généralement, tandis que, pour « le « visage, dit le docteur Cazenave, il y a au- « tant de différences que d'individus ; cha- « que physionomie a son genre de beauté « particulier. »

Or, si par l'emploi des mêmes moyens artificiels tous les visages peuvent se ressembler, il n'y a plus d'originalité, et les vraiment belles femmes pourront être prises pour des laiderons endimanchés.

*
* *

Si la femme de race cède à la faiblesse d'ajouter à sa beauté naturelle une expression qu'elle croit lui faire défaut, elle le fera avec la délicate habileté qui doit la distinguer en tout.

A peine ajoutera-t-elle, à l'angle externe de sa paupière et dans la direction horizontale, un tout petit trait noir, mince comme un cheveu, qui semblera donner à son œil un angle plus aigu et à son regard une expression plus douce.

Elle ne touchera pas à ses lèvres. Leur tissu délicat se flétrirait au contact de toute substance corrosive.

Quant à son visage, il demande aussi de grands ménagements.

*
* *

Pour le préserver dans l'été des trop chauds baisers du soleil, dans l'hiver des mordantes atteintes de l'air froid, la femme habile se contentera de la saupoudrer d'une légère couche de cette vaporeuse Veloutine Fay, la seule composition, à notre connaissance, — qui puisse être comparée aux merveilleux topiques mis en usage par les celèbres beautés d'autrefois, dont l'histoire nous a conservé les noms : Aspasie, le modèle charmant de la grâce attique, — Cléopâtre la royale auteur d'un formulaire des cosmétiques ; — Laïs, l'enchanteresse amie du sage Aristippe, et quelques autres encore qui ne vieillirent pas et qui furent toujours belles.

Ces femmes-là étaient bien un peu légères, mais quel chic !

*
* *

Toutes les femmes, sans distinction aucune, aiment à se parfumer ; il n'y a désaccord entre elles à ce sujet que dans le choix du parfum ; et ce choix, pas plus que celui des goûts et des couleurs, n'admet la discussion.

Les femmes sont portées par instinct, par goût, par tempérament à se parfumer, parce qu'il y a des rapports intimes entre les idées voluptueuses du cœur et les parfums des fleurs qui ont la propriété de bercer l'âme dans une douce ivresse.

*
* *

Il y a aussi des femmes qui se parfument, tout simplement parce que ça sent bon.

De celles-là, n'en parlons pas.

*
* *

Le choix des parfums est chose délicate.

C'est dans ce choix que se révèle l'aristocratie d'esprit d'une femme.

On peut juger une femme d'après les parfums qu'elle préfère.

*
* *

Mais pourrons-nous déterminer à quels parfums se reconnaît la femme de qualité?

Question difficile à résoudre.

Essayons, cependant.

*
* *

Le nombre de parfums et d'aromates fournis par les trois règnes de la nature est incalculable.

Le nombre de ceux que l'usage a reconnus est immense.

Pour les besoins de notre sujet, nous ne citerons que ceux dont le nom, — plus encore que l'emploi, — a consacré la réputation classique :

Le musc, — la civette, — le castoréum, — le benjoin, — l'ambre gris, — la myrrhe, — la vanille, — la lavande, etc.

Et si nous parlions des résines, des baumes, des bois de senteur, des écorces, des racines, des huiles, des essences, il en est jusqu'à cent que nous pourrions nommer.

*
* *

Auquel de ces parfums, recommandables à différents titres, la femme de qualité donne-t-elle, en général, la préférence?

A aucun.

La femme de qualité n'a pas de parfum à elle parmi ceux dont l'usage semble devoir être le plus répandu, à cause de leur notoriété.

Mais, de quelques-uns de ces parfums, elle compose elle-même, discrètement, et pour son usage particulier, un mélange sans nom, d'une suavité exquise.

*
* *

Ne demandez jamais à une femme quel est ce parfum qui l'enveloppe d'une atmosphère chargée des plus suaves odeurs ; elle serait capable de vous mentir, et si, par hasard, vous surpreniez son secret, le lendemain elle aurait déjà inventé un autre mélange.

Songez donc que ce parfum innommé est un des mille petits artifices par lesquels la femme de qualité se distingue de la femme vulgaire.

Le plus petit point de ressemblance ou de simple rapprochement serait pour la femme distinguée un sujet de mortification profonde.

*
* *

Aussi, au plus fameux parfum préféré par la femme vulgaire, la femme distinguée trouvera un défaut, et, qui pis est, un ridicule.

Voyez avec quelle ingéniosité malicieuse elle fait le procès aux parfums qu'elle dédaigne, comme entachés de vulgarité.

Le Musc, par exemple, dont l'odeur est pénétrante et tenace, passera, dans son estime, pour être le correctif d'une odeur moins aromatique et personnelle à la femme qui en fait usage.

La Civette, dont l'odeur est pénétrante aussi, lui rappellera que, mélangé avec d'autres parfums, elle peut composer une poudre dite de Chypre, qui a fait la réputation de quelques marchands de tabac à priser.

Le Benjoin, quoique son odeur soit suave, et respirée par tout le monde dans les églises, où il est brûlé sous le nom d'encens, c'est le parfum du commun des fidèles et des sacristains.

L'Ambre gris, mêlé à d'autres parfums, développe une forte odeur suave; mais il rend quelques services en médecine, et sa substance, naturellement molle, mais durcie à l'air, acquiert une consistance qui permet d'en faire un ornement de tuyau de pipe.

Aucun de ces parfums, accompagné des perfides remarques qui précèdent, ne peut convenir à la femme distinguée; exclusive dans ses goûts, elle ne veut rien qu'une autre femme puisse avoir.

Son chic est d'avoir un parfum à elle.

Mais quel est ce parfum? — C'est son secret.

***

Eh bien! ce secret, qui ne m'a pas été confié, mais que j'ai surpris, l'autre jour, dans le laboratoire d'une beauté de haut lignage, je vais vous le révéler, mesdames.

Je sais bien que je m'expose à une manifestation de grande colère; mais cette grande colère fera place, dès le lendemain, au tapage d'un triomphe plein d'orgueil et de joie, car déjà la dame irritée aura inventé un autre mélange.

***

Le sort en est jeté; révélons son secret.

Ce parfum, qui l'enveloppait d'une atmosphère suave dont se montraient jalouses jusqu'à la méchanceté toutes ses bonnes amies, était un mélange de Gardenia et de Wild Flowers.

Ce n'était pas difficile à trouver, direz-vous; mais encore fallait-il le trouver.

C'est toujours par les découvertes les plus simples que se révèlent les grands génies; — rappelez-vous l'œuf de Christophe Colomb.

Maintenant, mesdames, que vous connaissez son parfum, elle va en composer un autre qui pourrait bien être un mélange d'Opoponax et de Spring Flowers, à moins qu'elle ne préfère la violette de Parme et l'Ylangylang.

*
* *

Puisque je suis en verve d'indiscrétion, je vais encore vous indiquer un mélange des plus heureux : celui du Floral Hall avec le Weld End, et cet autre encore de l'Ess Bouquet avec le Sandringham.

Là, mesdames, vous voilà bien renseignées ; vous allez pouvoir faire vos mélanges vous-mêmes, posséder, vous aussi, les parfums de cette grande enchanteresse, dont les succès troublaient vos fêtes...

Enfin, vous aussi, vous allez avoir votre chic parfumé !

Eh bien! vous ne savez rien du tout de son secret; vous croyez avoir pénétré le sanctuaire de son laboratoire, et vous n'êtes qu'au vestibule.

*
* *

Demain, quand son odorat subtil aura reconnu dans votre circonférence l'émanation du parfum dont je vous ai livré le secret, demain elle aura renversé ses flacons, et le parfum nouveau qu'elle répandra autour d'elle déjouera tous vos calculs, et vous avouerez n'avoir jamais respiré plus suave odeur.

Que voulez-vous, mesdames, il y a des choses qui ne s'apprennent pas à l'école, même à l'école du grand monde.

*
* *

Cependant, on profite toujours un peu à

son contact. Et pour ne pas être grande prêtresse du temple de la mode et de la distinction, on peut prendre ses inscriptions et prétendre à quelque grade dans la Faculté du bon goût.

Tenez, mesdames, puisque nous sommes déjà dans le vestibule, soulevons le voile du temple et pénétrons dans la nef; nous trouverons sans doute quelques flacons choisis par cette intelligence supérieure, dans le laboratoire de quelque grand préparateur, et qui, sans la combinaison d'aucun mélange, pourront embaumer votre mouchoir.

Tenez, voici le May Flowers, le New Mown Hay, le Wood Violet, le Crystal Palace, le Floral Hall.

Tous ces parfums, je vous le répète, peuvent être employés isolément.

Voulez-vous quelques poudres pour sachets, voici l'Heliotrope, le Withe Rose.

Vous trouverez tous ces parfums, et beaucoup d'autres encore, chez Fay, le préparateur de la rue de la Paix.

Je vous rappellerai aussi l'eau de Lubin,

les savons de Piver, l'eau de Cologne de Farina.

Voilà des produits hors ligne qui proclament chez leurs auteurs le chic de l'invention.

Si avec toutes ces indiscrétions et ces renseignements vous ne réussissez pas à vous composer un parfum exceptionnel, c'est que, malgré toutes vos pépinières de qualités, vous n'aurez pas du tout le chic des cosmétiques.

Et ce ne serait pas croyable.

*
* *

Un nouveau genre, mesdames, avec toutes les originalités du chic et qui, du domaine de la mode où il règne aujourd'hui, passera dans le sentier des habitudes parisiennes.

Mais d'abord, une simple question, à titre de curiosité.

Avez-vous remarqué qu'une personne

qui tombe — homme ou femme — fait rire tous les témoins de son accident?

Cependant, elle a pu se blesser, cette personne.

Qu'importe! elle est tombée; on rit d'abord de sa chute, puis on lui prodigue avec empressement tous les secours dont elle peut avoir besoin.

Qui expliquera cette transition subite de la moquerie à la compassion?

Un monsieur, ou plutôt une dame, car j'ai remarqué qu'on met presque toujours les bons mots dans la bouche des hommes; il me semble cependant que les femmes ne manquent pas de langue, une dame donc, nous a donné la réponse suivante à la question ci-dessus :

« La personne qui tombe, s'éloignant elle-même de son centre de gravité, peut bien prêter à rire aux témoins de sa chute. »

*
* *

Eh bien ! soit, vous allez rire, mesdames, mais peut-être aussi donnerez-vous à rire à vos dépens.

Car on rit beaucoup au Skating-Rink, puisqu'on y tombe beaucoup... mais avec une grâce ! ! !

Beaucoup de dames tombent sur les mains, d'autres sur les genoux, d'autres encore sur... chut.

Et tout le monde rit, non pas comme on rit vulgairement dans la rue, de ce rire stupide qui ne s'explique pas, à moins qu'on ne trouve plaisant de rire à la pensée qu'une personne a pu se casser un membre ou deux.

* * *

Au Skating-Rink, on rit de la chute de son voisin, parce qu'on sait bien que le voisin s'apprête à rire de cet autre qui va partir ; — c'est une sorte de libre échange à roulettes ;

et puis, on sait bien que les chutes ne peuvent pas être dangereuses.

Aussi les dames de s'en donner à cœur joie de patiner, de tomber et de rire.

Ne croyez pas que ces chutes ne provoquent que le rire; — il y en a qui enlèvent les applaudissements de la galerie.

Rien d'étonnant à cela.

Dans les cirques romains, quand un gladiateur blessé tombait avec grâce, on l'applaudissait; s'il tombait gauchement, surtout si son agonie était maladroite, on l'accablait d'injures; les Vestales elles-mêmes s'en mêlaient; elles lui montraient le poing et on sait ce que valait leur coup de pouce qui décidait de la vie ou de la mort d'un homme.

Nous ne savons pas s'il y a des Vestales au Skating-Rink, mais ce que nous constatons c'est que la galerie applaudit toutes les chutes avec enthousiasme, sans demander la mort de personne.

Remarquons, en passant, que les dames, dans leur chute, ont beaucoup plus de succès que les hommes...

Pourquoi ça?... Dame!

*
* *

Cependant, ce ne doit pas être exclusivement pour tomber et pour voir tomber que tant de gens comme il faut se donnent rendez-vous au Skating-Rink.

Oh! non, une pensée frivole peut les solliciter, mais un but sérieux les préoccupe.

*
* *

L'exercice du patin, considéré comme plaisir, est un des plus élégants jeux du sport; considéré comme gymnastique, c'est une action des plus salutaires d'exercer le corps pour le fortifier.

Aussi voyons-nous avec intérêt s'augmenter tous les jours le nombre des amateurs de cet exercice qui tient de la danse par l'élégance de son attitude, et de la gymnastique par la vigueur qu'il faut y déployer.

La danse est un des exercices du corps que les Grecs, si habiles dans les moyens de développement de la beauté physique, ont cultivé avec beaucoup de soin.

La gymnastique, dit Barthélemy Saint-Hilaire, est la culture régulière du corps; elle est pour lui ce que l'étude est pour l'esprit.

Bien comprise, elle est une partie essentielle du perfectionnement de notre être, et l'on ne doit pas être surpris qu'à ce titre elle ait attiré les méditations des philosophes les plus vénérés du genre humain, d'un Platon, d'un Locke...

Les femmes ont besoin de gymnastique plus même que les hommes, parce que les obstacles que la vie civilisée oppose au développement corporel sont bien plus multipliés et bien plus funestes encore.

Comme en matière d'équitation il sera difficile de faire du chic avec le patin; on y déploiera beaucoup d'habileté, d'élégance, de grâce, mais toujours dans les limites des règles du patinage; les excentricités auxquelles quelques adeptes pourront se livrer seront des tours de force.

Les clowns aussi font des tours de force, mais personne, dans la société, ne cherche à leur faire concurrence.

*
* *

Le patinage aura le sort de toutes les choses utiles et agréables; il aura pour lui la popularité avec ses avantages et ses désagréments, parce qu'on en fera partout.

On fait de la musique dans la rue et à l'Opéra; on joue la comédie à Puteaux et au Théâtre-Français, — mais ça n'est pas la même chose.

Ainsi on établira des skating-rink un peu partout; — c'est même déjà fait.

Mais il y aura une différence très-appréciable dans la composition du public.

***

Voilà qui est dit.

Les faibles femmes n'auront plus rien, en matière d'exercices gymnastiques, à envier au sexe fort, rien, absolument rien, car il y en a qui nagent et qui font des armes.

Je n'en ai rien dit, parce que la natation et l'escrime, étant des exercices auxquels il est bien rare qu'elles se livrent en plein salon, il est difficile d'apprécier leur adresse dans la savante immobilité de la *planche*, la vigueur de leurs jarrets dans le déploiement de la *coupe marinière*, ni la souplesse de leurs articulations dans les subtilités de la feinte et du dégagement.

Mais on y patinera, cet hiver, dans les salons, comme on a patiné cet été en lieux publics ; car, à partir de ce jour, le skating-rink, comme l'amour, sera de toutes les saisons.

Et alors se renouvelleront, en raccourci, les incidents de tous les skating-rink : glissades, chutes et culbutes.

***

Dans cette sorte de divertissement, le genre sera de patiner ; le chic sera de tomber avec grâce...

Il y aura des femmes qui y mettront de la coquetterie...

Vous verrez ça.

***

Il n'y a pas de fumée sans feu, c'est vrai, ça.

Eh bien ? plus vrai que ça encore : c'est qu'il n'y a pas de femme sans coquetterie.

Et tant mieux !

Une femme sans coquetterie serait un être incomplet, comme un arbre sans fruits, une fleur sans parfum, un soleil sans rayons.

*
* *

Il y a trois principales sortes de coquetteries qui toutes ont le même but : le désir de se faire admirer :

La coquetterie de la parure ;
La coquetterie des manières ;
Le coquetterie de l'esprit.

*
* *

La *coquetterie de la parure* est la plus généralement exploitée ; — c'est aussi la plus vulgaire et la plus facile ; — affaire de couturière et question d'argent.

Elle est surtout indépendante, chaque femme entendant la coquetterie à sa manière.

Il est vrai qu'il y a souvent matière à contestation sous le rapport du bon goût, car ce n'est ni le tissu, ni l'étoffe, ni même la coupe qui affirme le haut cachet de la coquetterie, de la coquetterie intelligente surtout.

*
* *

Une femme qui a du chic peut se montrer aussi coquette dans sa simple chemise du matin que dans sa plus grande toilette de soirée.

Par contre, la femme ordinaire ne croira faire de coquetterie qu'autant qu'elle sera attifée de ses plus riches accessoires.

Le secret de ce genre de coquetterie est dans la façon dont le costume est porté, quand même ce costume ne serait qu'une feuille de vigne.

En cela, comme en mille autres choses, le tout est de savoir s'y prendre ; mais

Non licet omnibus adire Corinthum.

*
* *

La coquetterie des manières est ridicule chez la femme vulgaire :

Ne forçons point notre talent,
Nous ne ferions rien avec grâce ;
Jamais un lourdaud, quoi qu'il fasse,
Ne saurait passer pour galant,

dit Lafontaine, liv. IV, fab. V.

La femme vulgaire n'y comprend rien du tout ; mais elle tient à donner raison au fabuliste.

Les manières qu'elle fait pour singer la femme distinguée ne sont que de grosses façons, tout ce qu'il y a de plus bourgeois.

La femme distinguée, au contraire, est charmante dans ses manières, parce que ses manières sont délicates, naturelles ; on voit qu'elles sont nées avec elle et qu'elles n'ont pas besoin d'être surmenées pour révéler le cachet de leur origine.

Elle a un bien grand chic, la femme qui peut afficher ses manières sans que l'on dise d'elle qu'elle *fait des façons* ou qu'elle se *donne des airs*.

Rara avis !

***

La *coquetterie d'esprit,* — sainement exploitée — est la plus rare parce qu'elle est la plus délicate et par conséquent la plus difficile.

Aussi reste-t-elle le monopole de la femme distinguée.

Cependant, il ne suffit pas d'être une femme de distinction et même de qualité pour pouvoir exercer, avec succès, la coquetterie de l'esprit.

Un parchemin, — fût-il armorié de chef en abîme, — n'est pas infailliblement un brevet d'esprit délicat et privilégié.

Il n'est pas sans exemple non plus — notez bien ceci — que des femmes, nées dans une très-humble condition, mais patriciennes par privilége de la nature, aient eu le mérite de faire, avec avantages, leur partie dans le jeu des galanteries de l'esprit.

On trouve des diamants dans les plus petits ruisseaux, des perles dans les plus humbles coquillages.

*
* *

Il y a des femmes, particulièrement favorisées par la nature, qui cultivent, avec succès, les trois genres de coquetterie.

Après celles-là, il faut tirer l'échelle.

*
* *

Tirer l'échelle ?

Et pourquoi ?

N'y a-t-il plus rien à faire de mieux ?

Non, rien de mieux que ce que la femme fait bien.

Parce que la femme, — telle que nous la comprenons, — la femme, type de la beauté dans la forme, de la grâce dans le maintien, de l'élégance dans les manières, de la distinction dans le geste, de l'affabilité dans la parole, la femme applique à tout ce qu'elle fait chacune des qualités dont la nature a mis le germe en elle.

Aussi, où elle n'est pas on la désire.

Son absence est partout une lacune.

A la ville, composez un palais souverain avec ses colonnes de porphyre, ses murs de marbre, ses voussures dorées, ses rosaces sculptées ; peuplez ce palais des hommes les plus beaux — il y en a — richement costumés, constellés de plaques de métal sur la poitrine, zébrés de rubans en rosette, en sautoir, en écharpe ; habillez-en quelques-uns en généraux, en préfets, avec l'épée au côté et le claque sous le bras ; donnez à celui-ci la mine florissante d'un chanoine honoraire, à celui-là la figure majestueuse d'un magistrat irréprochable ; enfin, présentez l'homme avec tous ses avantages... Faites s'agiter tout ce monde sous les portiques encombrés de corbeilles de fleurs, dans les salons inondés de lumières...

* * *

Si la femme n'est pas là...

Tout ce monde se meut machinalement, personne ne vit, rien ne va plus. — Ces hommes, si bien habillés, vous feront l'effet de croque-morts mélancoliques, rôdant dans les vestibules d'une maison mortuaire, en attendant le corps.

La femme paraît...

Le palais s'anime et les hommes aussi ; ils deviennent spirituels, d'aucuns même paraissent beaux...

La présence de la femme a fait ce miracle.

A la campagne, rêvez un paradis terrestre : végétation luxuriante, berceaux de fleurs, dômes de verdure, eaux vives, chauds rayons de soleil traçant, sous bois, des sillons de lumière...

Si la femme n'est pas là...

Cette belle nature est morne et son soleil triste semble n'éclairer qu'une nécropole.

La femme paraît...

Le tableau s'illumine... Tout vit, tout respire, tout palpite, tout se dresse pour voir, pour admirer, pour aimer...

La présence de la femme a fait cette lumière dans la nature, cette joie au cœur de l'homme.

C'est que la femme est le dernier mot de la création :

La Parisienne est l'expression du dernier chic !

J'ai dit.

3106. — Paris, Imp. Richard et Cie, 18-19, pass. de l'Opéra.

www.ingramcontent.com/pod-product-compliance
Ingram Content Group UK Ltd.
Pitfield, Milton Keynes, MK11 3LW, UK
UKHW012045240726
13965UKWH00003B/1047